ARCACHON

ET

L'INSCRIPTION MARITIME

Le principe de cette institution était, il faut en convenir, une violation des droits des citoyens et de la liberté de l'industrie.....; mais l'habitude....

(*Journal du Palais*, t. VIII, p. 511; Inscription maritime.)

En accordant aux armements maritimes sa protection en échange de leur liberté, il s'est fait fort de les rendre productifs ; et s'ils sont onéreux, à qui la faute ?

(BASTIAT, *La loi.*)

Imparidum ferient ruinæ.
(HOR.)

ARCACHON

ET

L'INSCRIPTION MARITIME

PAR

PAUL LACOIN

Membre de la Société des anciens élèves de Grignon,
de la Société des Études internationales pour les études pratiques d'économie sociale,
de la Société Scientifique d'Arcachon,
Ancien Inspecteur près la Commission impériale de l'Exposition universelle
de Londres.

BORDEAUX

IMPRIMERIE GÉNÉRALE D'ÉMILE CRUGY

rue et hôtel Saint-Siméon, 16.

1864

MON CHER AMI,

Tu es une de mes nombreuses victimes, tu connais déjà ma brochure. Après m'avoir reproché sa forme poétique, violente et condensée, — la chaleur exclurait-elle la lumière? — tu ne t'en es pas moins, quant au fond, rangé à l'avis de ceux qui, en contact journalier avec l'Inscription maritime, m'ont dit, les yeux tout brillants de larmes :

« C'est fort, mais c'est vrai ! »

Tel qu'il est, ce *cri d'un parqueur* est l'expression de ma personnalité, et je n'y pourrais changer une note sans me mentir à moi-même.

C'est pour moi la paraphrase — toute paraphrase ne vaut

rien — de cette prière que notre mère nous a apprise au berceau :

« Notre Père... que votre volonté soit faite... Donnez-nous notre pain... et délivrez-nous du mal. »

Tu sais, d'ailleurs, avec quelle difficulté je quitte la région des principes; et si j'oublie trop souvent les personnes, je ne me souviens jamais des « offenses... » qu'à l'état d'arguments.

Tout à toi.

PAUL LACOIN.

P. S. S'il le faut, je traiterai un jour la question au point de vue du commerce. En attendant, je te renvoie à l'ouvrage de M. Bénard, intitulé : *Servage des gens de mer.*

ARCACHON

L'INSCRIPTION MARITIME

A quinze lieues sud-ouest de Bordeaux, aux pieds d'une statue de la Vierge, entre les eaux et les forêts, il est une petite ville, née du bruissement des feuilles et du mugissement des vagues, dont la devise comme l'histoire est :

Herì solitudo, hodiè vicus, cras civitas.

Un climat privilégié, cette harmonie des cieux, de la terre et de l'homme, avait long-temps d'avance désigné sa plage solitaire comme le lieu de la rêverie, de la retraite et du bonheur. Mais les flots naguère encore battaient en silence le pied des pins, lorsque, jetant sur le sol argenté ses deux baguettes de fer, et faisant entendre son son de voix retentissant, la locomotive a arraché les heureux et les malades à tous les séjours en renom du

plaisir et de la santé. De tous les coins du
monde, joyeuses cavalcades et brillants équi-
pages, disparaissant au sein des feuilles, s'é-
tonnent de reparaître à la lisière des vagues.
Le gaz jaillit du tronc des arbres, il pleut du
feu dans le pignada. Les routes se percent de
conduits souterrains, et un lac va éteindre la
soif chaque jour croissante des rives salées du
bassin. Entre le bleu du ciel et le bleu de la
mer, sur des hauteurs reliées par des ponts
suspendus ou au niveau de l'Océan, la main
d'une fée transporte les châteaux et les palais
ravis à d'autres lieux. Une ville d'été au bord
de l'eau, une ville d'hiver dans la forêt; —
l'une alignée en châlets qui se mirent dans des
flots transparents, l'autre clairsemée avec art de
villas ressortant à l'imprévu dans un feuillage
toujours vert; — la première mollement allon-
gée sur un tapis de sable, ne plongeant dans
la mer que pour échapper au soleil, et ne séchant
à l'ombre et à la brise que la fraîcheur de son
bain; la seconde, cachée sous des fleurs qui, pour
être dorées, n'en sont pas moins naturelles, aspi-
rant à pleins poumons, dans sa poitrine déli-
cate, un air toujours embaumé d'émanations
résineuses, et resserrée avec tendresse, dans les
plis et replis de son manteau boisé, par les bras

paternels du bassin qui l'entoure. — Telle est dans sa dualité, ou plutôt des pieds à la tête, cette ville essentiellement une, à laquelle semble sourire un éternel printemps, dont le seul regret doit être de n'avoir pas assez de rivales, et qui, élevée par l'amour, la science et la fortune, sait obéir dans sa liberté, en digne et gracieuse souveraine, aux salutaires exigences de la civilisation.

Ceinte de cette double couronne, tu n'en es pas moins, ô Arcachon, l'enfant de ton bassin, l'enfant de ton pignada! Combats avec eux pour la cause qu'ils défendent, et deviens, par droit de conquête, la reine des Eaux et des Forêts!

*

Le bassin, dont Arcachon porte le nom, a dix-huit lieues de tour. Ce n'est pas une miniature du golfe de Naples, c'est une véritable petite mer intérieure. Capable de contenir, dans sa triple rade, une triple flotte, il communique par une espèce de détroit avec l'Océan, dont il n'est séparé que par une mince péninsule. Cette péninsule, qui forme la côte de France, est une longue dune qui, de siè-

cle en siècle, s'allonge encore en courant du
nord au sud. Tenant à la terre par son extrémité nord, elle cherche, en quelque sorte,
à la rejoindre aussi par son extrémité sud, où
est situé le phare, et réduit le détroit, par
l'effet de sa progression, à ronger le bord op-
posé du continent ou à emporter violemment
les derniers monceaux de sable accumulés à
son entrée. Le détroit, auquel convient davantage le nom plus modeste de passe, recule en
combattant. Trop sinueux pour n'être pas d'un
accès difficile à la voile dans ce golfe de Gas-
cogne qu'agitent si souvent de si terribles
tempêtes, il reste cependant assez large et assez
profond pour recevoir les plus forts navires, et
n'exige de la vapeur, par les plus mauvais
temps, que la connaissance exacte de l'état de
son lit. Mais sa mobilité, qui est l'écueil de
l'ignorance, est aussi la menace de l'avenir, et
la navigation qui, sur ces bords arides, n'a pas
d'autre refuge, pourrait craindre qu'un jour
une obstruction ne transformât, comme ailleurs,
la petite mer en un grand lac, si les affluents du
bassin, soit par leur tarissement, soit par leurs
atterrissements, venaient à diminuer la force
vive des courants. Les travaux projetés pour la
mer se relient ainsi aux travaux qui s'exécu-

tent sur terre. Car, d'une part, le creusement des rades permettrait, par l'extraction des vases, d'engraisser au loin les champs de céréales, et, d'autre part, on peut espérer que si l'eau, au lieu d'entretenir la stérilité par sa stagnation, ou de porter la mort par ses débordements, promenait dans nos landes, par sa circulation, la fécondité et la vie, elle faciliterait par sa sortie, avec le redressement ou tout au moins avec la fixation de la passe, la création d'un port également indispensable contre la nature et contre l'homme.

L'État posséderait enfin un nouveau Brest sur l'Océan.

La côte de France, hospitalière en temps de paix, ne serait pas, en temps de guerre, notre plus cruelle ennemie.

Pêcheur et résinier, au lieu de se mesurer du regard, devenus nécessaires l'un à l'autre, se donneraient la main.

Ah! si le commerce pouvait étendre ses ailes, il ferait son nid lui-même!

Qui donc, en étouffant le commerce, étouffe

dans son germe cette œuvre de grandeur na-
tionale, de salut public et de moralité?

En attendant le commerce, le bassin n'a
qu'une industrie : la pêche. En attendant les
docks, les hameaux forment peu à peu, et cabane à cabane, des villages sur ses bords. En
attendant les navires transatlantiques, mille
paires de rames, mille voiles numérotées font
glisser sur ses eaux limpides les galères de
l'inscrit. Une ou deux parmi les vingt plus
grandes, que l'on appelle chaloupes, entre-
prennent parfois sur lest des transports de ca-
botage [1]; les plus petites, appelées pinasses,
ne devraient s'aventurer jamais au dehors de
la passe, et ne sont montées que par deux
pauvres pêcheurs.

Le poisson est, en effet, la première richesse
naturelle de la côte et du bassin. La sole, le
mulet, le grondin, le rouget, le royan, bien

(1) Leur lest au départ est maintenant du sable, et leur chargement au retour à Nantes ou à Rochefort, de la pierre, qui au-
trefois leur servait de lest au retour, quand leur chargement au
départ se composait de produits du pays. Selon certaines auto-
rités, c'est le chemin de fer qui est coupable! Il est coupable, en
effet, d'avoir encore des prix trop élevés.

préférable à la sardine, le barre, la dorade, l'anguille, le turbot, tels sont les plus précieux filons de cette inépuisable mine, exploitée jusqu'ici avec moins de capital, hélas! que d'imprudence, et il serait long de compter les pleurs que de trop légères nacelles, insuffisants outils d'un dangereux métier, ont fait verser sur le sable du rivage!

Seul, un bateau à vapeur, pionnier de l'avenir, peut sans risque de vie, exposer sur la côte la fortune d'une compagnie. Malheureux à ses débuts, il a changé de patron, est revenu en triomphateur au milieu d'embarcations restées à l'ancre, a sauvé du naufragé celles qui tentaient de suivre son sillage périlleux, et des regards d'envie, tempérés par la reconnaissance, ont maintenant remplacé les sourires de dérision et d'incrédulité sur le visage du pêcheur qui le regarde.

Eh bien! le capital, dont la vapeur restera ici comme partout un des agents les plus actifs, a encore une manière plus sûre d'exercer la même industrie, en élevant le métier à la hauteur d'un art. C'est d'attendre le poisson chez soi, au lieu d'aller le chercher chez lui;

c'est de le faire s'enfermer lui-même dans les anses qu'il affectionne, au lieu de s'efforcer, sur une barque agitée, à le prendre dans des filets d'où il s'échappe.

Quelque demi-douzaine de riches propriétaires ont ainsi à eux tous, sur le côté nord-est du bassin, quatre cents hectares de réservoirs. Ces réservoirs, établis jadis à grands frais, mais qui rapporteraient un bel intérêt de leurs dépenses d'installation aujourd'hui encore, sont bordés de digues en terre, lesquelles sont percées d'écluses en bois. Qu'il fasse jour, qu'il fasse nuit, qu'il fasse beau, qu'il fasse laid, le poisson y entre quand il veut, et n'en sort pas de même. Le moment venu, on n'a qu'à se baisser.

Des fossés et des pâturages intérieurs offrent aux prisonniers, les uns un abri, les autres de la nourriture; et les observations de leurs habiles geôliers seraient aussi bonnes à connaître que leur exemple bon à suivre, quoiqu'ils ne prétendent pas tous faire de la pisciculture.

Ce serait de la science, et l'industrie de la pêche n'en est pas encore là. Elle n'y arrivera jamais avec le monopole qu'elle subit et dont les dernières victimes sont les premiers détracteurs.

Qui donc empêche de multiplier les réservoirs autant que le veut la consommation, autant que le peut le capital?

Au-dessous du poisson se trouve une autre mine.

Le flux et le reflux couvrent et découvrent, chaque jour deux fois, une partie des rivages et de l'intérieur de notre petite mer, et ces fonds émergents, d'argile ou de sable plus ou moins vaseux, se montrent à la pioche pétris de coquillages, dont les informes débris ne permettent que de regretter la chair succulente, et ne semblent subsister que pour attester notre incurie.

Quelques espèces vivant encore à la surface y disputent la place à l'herbe.

En dépit de mille causes de destruction, les huîtres, dont les bancs jadis faisaient écueils, les huîtres surtout, viennent encore ici et là spontanément, et, pour exploiter convenablement cette nouvelle richesse naturelle, il suffirait de l'approprier.

Qui donc empêche qu'elle ne le soit?

*

Qui? qui?

Oh! la ridicule et lamentable, mais instructive histoire!

*

Il y a bien longtemps, mais bien longtemps, — il faut remonter à cette époque où la féodalité venait d'expirer sous les coups d'un cardinal, à cette époque de gloire et de guerre où le bon sens national ne protestait que par intervalle en faveur du pâturage et du labourage, parce que la nation n'était pas constituée, — un grand Roi, au moment d'entrer, fouet en main, dans le Parlement, s'est dit :

— L'État, c'est moi!
Il me faut une flotte. —

Et alors il a dit au pêcheur :
— A tous présents et à venir, salut !
Tu n'appartiendras ni à la société, ni à ta famille, ni à toi-même. De dix-huit à cinquante ans, de gré ou de force, tu monteras sur mes navires, et tu ne te libéreras d'un

service décimant que par la maladie ou la mort. Enfin, tu seras mon serf : voilà *la charge* que je t'impose. Mais aussi je me dépouille, en ta faveur, de tout ce que tu possèdes. Le domaine de la vague ne sera jamais exploité que par toi. J'éloignerai de tes enfants même toute concurrence. Ils ne retireraient rien de ces immenses richesses, qu'ils seraient encore seuls à n'en rien retirer. Enfin la mer a été, est et sera éternellement ta glèbe : voilà le *privilége* que je t'accorde.

Car tel est notre bon plaisir. —

C'était, par le fait, dire au citoyen, dire à la nation :

— Tous les progrès de ton capital viendront se briser contre les flots de l'Océan. Ma main, et ma main seule, jettera ton argent dans la mer. Tu n'échangeras plus ta part contre la part du pêcheur, quand bien même tes enfants mourraient de faim sur le continent. Enfin tu seras le forçat de ma protection. Voilà *la charge* que je t'impose. — Mais aussi, ni toi ni tes enfants ne serez autorisés à réparer personnellement ni matériellement les ruines dont je vous entourerai ; j'épuiserai ta marine en t'épuisant d'impôts sans profit pour moi-même. Enfin

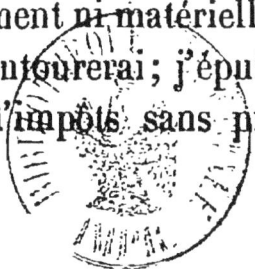

2

j'attache à ton pied la lourde chimère d'une flotte. Voilà le *privilége* que je t'accorde. —

L'État ne le comprit pas, et, à une époque de despotisme continental, il crut voir, dans une application grandiose de l'esclavage à la mer, la réalisation aussi durable qu'artificielle d'un vœu bien légitime.

Puis l'État s'est redit à lui-même :

— Puisque tel est notre bon plaisir, et qu'à tous présents et à venir, salut !

Il s'agit de maintenir sur nos six cents lieues de côtes l'intégrité des priviléges et des charges que j'octroie. Ce n'est pas une petite affaire. Il me faut, sans reculer devant aucune dépense, organiser de toutes pièces une Administration puissante qui, sur tout le littoral, fasse de la justice par balance d'abus. —

Et l'Inscription maritime a été créée.

Et le Bon-Sens ne protestait pas encore.

Alors le Roi s'est tu, et il a cédé la parole à cette Administration puissante, en effet, qui, par ses exactions deux siècles durant, nous a tenu ce langage :

— Abus d'un côté !

Abus de l'autre !

Telle est la condition d'équilibre de ma justice. Les abus aujourd'hui sont égaux, et il sera
de mon intérêt de ne les laisser s'alléger ni d'un
côté ni de l'autre, comme de mon devoir de ne
les laisser s'aggraver d'un côté qu'à la condition
de les voir s'aggraver en même temps de l'autre. Mais, pourvu qu'ils restent bien égaux, ma
conscience sera légère et ma sécurité complète.
Le poids total sera ainsi, par mes soins, tout
naturellement doublé à chaque nouvelle occa-
sion. Mais mon importance n'y perdra rien, et
la justice y gagnera. Balançons ! —

Grâce à cet équilibre, ménagé avec une rigou-
reuse impartialité, l'instrument de la justice
maritime, en dépit de toutes les agitations
révolutionnaires, et peut-être à cause d'elles,
pesa de plus en plus sur le Bon-Sens, qui ne
protestait pas encore.

Cependant l'opération devenant aussi fu-
neste à la flotte que l'exercice insupportable au
pêcheur et au citoyen, voici que le temps a enlevé la charge dans l'un des plateaux de la balance.

Un décret a, en effet, permis au citoyen

d'entrer en association avec le pêcheur pour l'exploitation de la mer, et un autre vient de l'admettre à être titulaire [1].

Donc, à bas la charge du marin ! puisque la charge du citoyen est à bas.

Si l'Administration entend de l'autre, il est certain du moins qu'elle n'entend pas de cette oreille-là.

La balance a chaviré. Qu'importe ? Elle la tient toujours, et elle commence à voir que c'est là l'essentiel.

Mais voici que le temps — car quel autre que lui eût montré à la fois tant de logique et tant d'audace ? — a encore enlevé la charge dans l'autre plateau de la balance.

En vertu d'un récent décret, le marin est autorisé, comme le soldat, à s'acheter un rem-

---

[1] Décret du 26 mars 1863 :

« ART. 2. — Les permissions sont données de préférence aux inscrits maritimes. »

Cela est suffisamment clair : ceux qui peuvent exploiter la mer, en faisant des travaux dans les bonnes années et des réserves dans les mauvaises ! ne sont pas exclus. La préférence, seulement, est accordée aux autres. (Voir pages 41-42.)

plaçant; et, s'il peut être, en cas de besoin, rappelé sous les drapeaux par un simple décret, au lieu de ne pouvoir l'être que par une loi, comme le soldat, il n'a plus réglementairement à fournir que six ans de service, une année de moins que le soldat [1].

Donc, il n'y a plus de *charges*.

Donc, citoyen et pêcheur sont assimilés l'un à l'autre en principe.

Mais l'Administration ne laissera pas, dans la pratique, s'opérer une suppression à laquelle le Bon-Sens, qui s'éveille, commencerait à penser et qu'il demande déjà confusément.

Tous les expédients lui sont bons.

Elle prévient le capital qui se présente à

---

(1) Décret du 22 octobre 1863 :

« ART. 8. — Après six années révolues..., tout marin inscrit ne peut plus être requis pour le service de la flotte. »

« ART. 13. — Les marins appelés au service ne peuvent se faire remplacer. »

Il faut que l'Inscription maritime nie ou accepte les deux décrets ensemble : si elle les nie, elle ment; si elle les accepte, elle meurt.

sa porte que peu de chose est à faire pour lui sur la mer, et qu'il ferait prudemment de porter ailleurs ses forces; mais que le citoyen doit, pour ne pas sacrifier son intérêt (à lui citoyen), rejeter sur le dos du pêcheur la charge habituelle.

Alors elle annonce à la mer que tous les efforts de l'Administration ne peuvent rien obtenir du capital, et qu'il est, par suite, de son devoir de servir toujours; mais que le pêcheur, pour ne pas sacrifier ses intérêts (à lui pêcheur) doit rejeter sur le dos du citoyen la charge habituelle.

Pour plus de sûreté, elle enfouit les deux décrets dans les cartons de ses bureaux [1].

Donc, le citoyen et le pêcheur remettent simultanément leurs charges dans la balance et s'écrasent réciproquement.

Ayant ainsi gagné du temps, et craignant la découverte d'une supercherie qui tournerait

_____

[1] La population maritime ne se doute guère qu'elle est affranchie de la servitude qui pesait sur elle, et la nation que le domaine public est confisqué au profit d'une classe assimilée aux autres.

à sa propre mystification, l'Administration offre au Gouvernement, qui était bien pour quelque chose dans son embarras, et qui s'étonne de la voir subsister, une nouvelle théorie de son existence :

— Si je n'étais là pour recréer les abus auxquels j'ai dû ma création, rien n'en resterait assurément dès aujourd'hui, dit-elle ; et si le Gouvernement veut appliquer sur la mer comme sur le continent le principe d'une liberté *déréglementée,* il ne suffit pas qu'il me modifie, il faut qu'il me supprime [1].

Or, il est naturel que je m'oppose en cela, de la manière la plus formelle, aux vœux de l'État lui-même.

D'ailleurs, le pêcheur redemande à grands cris sa charge, à la condition toute naturelle que le citoyen ou non-inscrit, qui n'a pas de droits, portera toujours la sienne, et je n'ai su d'abord comment concilier cette prétention,

[1] Discours de M. Rouher au Sénat, le 14 mai 1861. — Rapports des membres de la section française du Jury international sur l'ensemble de l'Exposition universelle de Londres de 1862. Introduction par M. Michel Chevalier, page CLXXVI.

assurément fort légitime, avec les aspirations
libérales du Gouvernement. En relisant le titre
de ma fondation, j'ai cependant été assez heureuse pour trouver le moyen pratique de tran-
cher le nœud de la difficulté. La confusion de
mes innombrables règlements me rendait d'ailleurs la tâche plus facile qu'à toute autre administration. Le temps a enlevé les *charges*, il a
respecté les *priviléges* : le privilége qu'a l'inscrit de rester misérable en cultivant seul sa
glèbe, le privilége qu'a le non-inscrit de rester
capitaliste en n'ayant pas de flotte. L'esclavage
s'exerçait grâce à la double charge, la protection s'exercera sur le double privilége. L'esclavage et la protection ne sont pas, en effet,
deux principes distincts : ce ne sont, à vrai
dire, que les deux faces d'un seul principe
éternel qu'on peut appeler, si on veut, balancement. Seulement l'esclavage s'exerce au moyen
de charges sur le dos du petit; et si je ne disconviens pas que la nature elle-même, dans
ce cas, répartit officieusement, en bonne mère
qu'elle est, sur le dos du grand, une pression
précisément égale, il n'en est pas moins vrai
que le but de l'opération est d'opprimer le petit. La protection, au contraire, s'exerce au
moyen de priviléges sur le dos du grand; et

si je ne disconviens pas qu'il faut, pour être juste, par une imitation raisonnée de la nature, officiellement concentrer sur le dos du petit une pression précisément égale, il n'en est pas moins vrai que le but du balancement est d'opprimer le grand, et c'est là une tâche double qui est en général très-difficile et très-honorée. Ce qui fait dire que les deux opérations n'en font qu'une, c'est que, si le but est différent, le résultat est le même; car le poids ne change pas, et il est impossible, sans injustice, que le grand fléau ne soit pas d'aplomb.

Ainsi, pour ce qui me concerne, j'ai commencé par opprimer l'inscrit au profit du non-inscrit; je vais maintenant, sans cesser d'être juste, opprimer le non-inscrit au profit de l'inscrit. Après avoir arraché son petit capital à la mer, je vais maintenant arracher la mer à l'immense capital. Après avoir aussi directement que possible contribué à ruiner la prospérité de notre marine, je vais maintenant, par tous les moyens imaginables, prévenir indirectement sa formation. J'ai dispersé sur le monde entier notre population maritime découragée, mourante ou morte. Je vais élever aujourd'hui une barrière insurmontable à la population continentale, qui regorge vers les bords. Naguère, le désespoir que je parvenais à inspirer suffisait à multiplier les sinistres de nos derniers navires ; je vais, désormais, essayer de multiplier à foison les sinistres pour faire sombrer l'espoir lui-même. J'ai coupé toutes les mains tournées de la mer vers le rivage, je couperai les pieds qui, de la terre, vont au rivage, et ferai glisser les plus hardis. Je n'ai plus d'inscrits, je me retourne contre le non inscrit. Ainsi, le résultat restera toujours identique à lui-même : je continuerai sans désemparer mon œuvre d'anéantissement, et ma seconde période sera comme la suite et la conséquence de la première. O puissance des règlements !

Après le commerce, l'industrie !

Après l'arbre, la racine !

Pour devenir préventive, mon action n'en sera que plus efficace.

Je n'ajoute qu'un mot, mais il est décisif.
L'État, en me confiant la balance de l'injustice, m'a dit :

« Opprime la Liberté, mais fais-moi pousser une flotte. »

Or, l'expérience, l'expérience la plus cruellement pratique a démontré :

1° Que faire pousser une flotte à l'État, c'était arracher des marins à la Nation ;

2° Qu'arracher des marins à la Nation, c'était, à peu de chose près, couper le cou à la flotte de l'État.

Le pis, c'est que le bon sens national commence à trouver qu'au point de vue de la flotte, l'échafaudage de mon administration ressemble beaucoup à celui d'un bourreau.

Il faut donc que l'État me donne enfin mon résultat pour but, qu'il me dise au moins par son silence :

« A bas la flotte ! mais opprime la Liberté ! »

J'obtiendrai, conformément à ce nouveau but, un résultat qui comprendra l'exécution de la flotte dans l'exécution du Bien-Être.

Et comme je pourrai en même temps commencer à exercer mes pressions sur la Liberté, non plus au nom de l'esclavage, mais au nom de la protection, tout en décapitant le Bien-Être, je ferai jouer aux extrémités du grand fléau, dans l'Intérêt Général et particulier du pêcheur, les gobelets d'un charlatan.

Le cumul administratif de Bourreau-Charlatan n'étant pas prévu par le Code pénal, je demanderai en son honneur une augmentation d'appointements.

Ci-joint copie d'une requête adressée au tribunal de l'opinion publique, pour lui signaler l'inutilité et le danger d'une nouvelle enquête *de commodo et incommodo.* —

« Plaise au Tribunal :

» Attendu, en droit, que prescription comme possession vaut titre ;

» Attendu, en fait, qu'il résulte d'un acte sous seing royal, dont une tache a effacé la date surchargée, qu'une machine appelée Inscription maritime a été, il y a deux siècles environ, installée sur le territoire français, dans le but de faire sortir une flotte de terre;

» Attendu que cette machine a constamment fonctionné depuis, au vu et au su de toute la population, en n'excitant qu'un grand nombre de réclamations individuelles et générales;

» Attendu, cependant, qu'au lieu de faire sortir une flotte de terre, elle y a fait rentrer peu à peu celle qui existait à l'époque où elle est entrée en fonctions;

» Attendu que c'est au moyen de son système particulier d'engrenage à double effet qu'elle a obtenu ce résultat;

» Attendu que ce résultat étant contraire à son titre, elle peut, à la première réquisition dûment signifiée auprès de qui de droit, être contrainte de s'arrêter, le principe sus-énoncé ne lui étant pas applicable, nul ne pouvant prescrire contre son titre;

» Attendu, d'ailleurs, que l'enfoncement de la flotte étant un résultat fort attaquable et audacieusement attaqué, l'Administration qui semble l'avoir pris pour but ne serait pas admise à en faire l'objet d'un titre contraire à son titre primitif;

» Attendu, en outre, que l'enfoncement de la flotte n'est qu'un des résultats secondaires de l'enfoncement du bien-être général;

» Attendu que cet enfoncement du bien-être

est le résultat le plus positif auquel soit parvenue et jamais parviendra la machine en question ;

» Attendu que, qui ne peut pas le moins, ne peut pas le plus ;

ι Attendu, cependant, que l'oppression de la liberté et l'enfoncement du bien-être ont toujours lieu en même temps et l'un par l'autre ;

» Attendu, enfin, que l'oppression de la liberté, qui est un des résultats prévus par le titre de ladite machine, comme le mal qu'entraînerait son fonctionnement, et est aussi le plus grand avantage qu'elle puisse se proposer pour but, conformément au vœu de la routine, et qu'enfin il y a, à ce point de vue, prescription possible et de fait,

» ORDONNER :

» Qu'il n'y a pas lieu à enquête, et que l'Inscription maritime, machine chauve-souris de l'économie sociale, continuera à prendre, selon les besoins du moment, l'un de ces deux résultats pour but :

» L'oppression de la liberté ;

» L'enfoncement du bien-être (la flotte com-
prise) [1]. »

(Pour toute signature)

+ *une croix de l'inscription maritime.*

＊

Mais aujourd'hui le *Bon-Sens* a l'œil ouvert
et la bouche aussi.

— Assez d'insultes! dit-il, je suis vengé!
« Tout ce qui n'a pas été établi d'abord conformément [au Bon-Sens, à la Liberté, au Bien-
Être, en un mot à la Justice, a toujours produit
le contraire de ce qu'on en attendait] [2]. » —

＊

Alors, se tournant vers sa victime :
— Servante, lui dit-il, servante de la Flotte,
vous avez fait mourir votre jeune maîtresse de
faim, en martyrisant, au nom de l'État, la

---

(1) « Un rapport de M. Forcade La Roquette a révélé ce fait
que l'importation de l'Inscription maritime dans l'Afrique
française a eu pour effet d'y empêcher la formation d'une marine quelconque... Le curieux de l'affaire, c'est que ce système
est perpétué en France sous le prétexte d'assurer le service de la
flotte. Mais le système réglementaire est plein de bévues pa-
reilles. » (*Journal des Débats*, numéro du 14 décembre 1863.)

(2) Chateaubriand, *Mémoires d'outre-tombe.*

Liberté sa mère. Et, aujourd'hui, c'est à travers le sein de la Liberté elle-même que, sans tenir compte des observations de l'État, vous enfoncez vos ongles jusqu'au cœur du Bien-Être.

Oh! plus que jamais vous êtes mon ennemie! Que faites-vous? —

— Je m'anéantis en faveur de mon enfant. —

— Une mère ne s'anéantit pas, elle se multiplie. —

— Enfin, je m'exproprie moi-même! —

— Êtes-vous donc propriétaire? ou est-ce la Liberté qui vous chasse d'une possession indignement usurpée? [1] —

— Enfin j'ai approprié!... —

— Je voudrais que le Bien-Être fût ici en personne, il vous dirait si vous avez approprié!... Mais, est-il trop malade, pour que je le fasse comparaître?

Approche, pauvre enfant! tu peux parler devant moi! —

— Oh! non! elle n'a pas approprié, elle n'a rien approprié! Elle a *concédé, concédé,* et si vous saviez quoi et comment! dit le *Bien-*

---

[1] A voir certains commissaires de marine, on les prendrait pour les rois de la mer. Ce ne sont que les pirates officiels, les tyrans mercenaires.

Être en jetant sur l'acccusée un regard d'effroi. —

— Ainsi vous n'avez rien approprié! vous avez *concédé*, *concédé* une partie (nous verrons laquelle) de l'essentiellement imprescriptible et inaliénable domaine jadis public, *d'une manière essentiellement personnelle et précaire, — précaire et personnelle, — personnelle et précaire,* comme le répètent à satiété vos innombrables règlements, si difficiles à se procurer, et qui ne me paraissent bien d'accord que sur ce point!

Personnelle! c'est tentant!

Précaire! c'est tentant!

Personnelle! ainsi à ma mort!...

Précaire! ainsi pendant ma vie!...

Oh! *personnelle!* c'est tentant!

Oh! *précaire!* c'est tentant!

Mais vous ajoutez :

Révocable sans indemnité et au gré de l'Administration!

Oh!

Sans indemité et au gré de l'Administration!

C'est encore plus tentant! c'est si tentant, qu'il n'en fallait pas davantage pour encourager une industrie naissante... à mourir!

Et vous avez fait bien plus :

3

Personnelle, précaire, sans indemnité et au gré de l'Administration ! Pour rendre complète cette expression de la jouissance promise, il aurait fallu ajouter : *et tracassière !*

Tracassière !

Ce mot, ce petit mot seul en eût dit plus long que bien des volumes.

Personnelle [1], *précaire, révocable sans indemnité et au gré de l'Administration...,* *et tracassière !*

Voilà le comment; voyons le quoi?

Qu'avez-vous concédé? des réservoirs? vous vous en êtes bien gardée. Vous voudriez plutôt démolir ceux qui existent, lesquels datent d'une époque à laquelle, heureuse époque, vous n'existiez pas vous-même, ou du moins n'étiez pas encore baptisée, quoique déjà bien coupable. —

— Les réservoirs sont insalubres; je crois bien faire en n'en concédant pas. —

— Divisons : vous n'en concédez pas. Quant

(1) Décret du 26 mars (déjà cité page 20).

« ART. 2 (suite). — Toutefois ces établissements pourront être transmis avec l'autorisation du Ministre de la Marine et des Colonies. »

Voilà une huître : — Allons consulter le Ministre. — Cela demande six mois. — Allons le consulter, vous dis-je, l'Empereur y pourvoira.

à savoir si vous faites bien, c'est au Bien-Être, puisqu'il est là, à répondre ! —

— Hélas ! dit le *Bien-Être* en fondant en larmes, il n'y aura bientôt plus de poissons, et les plaines de l'Océan, chassées comme celles du continent, seront bientôt sans gibier comme elles. —

— Il peut paraître difficile à l'Ignorance, dit le *Bon-Sens* en s'adressant à l'Inscription maritime, de multiplier les poissons dans les étables où on les engraisse déjà. Mais ne croyez-vous pas que la suppression du monopole serait plutôt favorable que nuisible à l'avancement du problème ? Au lieu de laisser manger les petits poissons par les gros, ne vous semblerait-il pas intelligent de les séparer d'assez bonne heure pour que notre estomac fût leur commun tombeau ? Et cela ne doit paraître difficile à personne.

La seule objection possible à l'établissement des réservoirs est leur insalubrité prétendue ; eh bien ! il n'est pas douteux que cette insalubrité ne tient au contraire qu'au monopole dont ils jouissent. Supprimez le monopole, et l'insalubrité prétendue disparaîtra, pour les réservoirs comme pour les féculeries, par le jeu naturel de la concurrence et de la police.

Du jour où ils seront libres, ils ne seront plus insalubres que pour vous. En attendant, s'ils sont insalubres, ils ne sont insalubres qu'à cause de vous ! Vous devez provoquer leur suppression, vous qui avez à la fois la suzeraineté et la police de la mer, et dont les galons dorés sont une couronne de fer ! Pourquoi ne le faites-vous pas ? Pourquoi ne l'avez-vous pas fait ? Comment subsistent-ils ? Allons ! vous ne croyez pas vous-même à leur insalubrité ! [1]

Ah ! que le Bien-Être serait grand, s'il n'y avait d'autres commissaires que ceux qui portent des écharpes !

Quant à la question de bonne foi, j'apprécie le degré de confiance que peut offrir votre sincérité.

Mais qu'avez-vous fait encore en faveur du Bien-Être, ou plutôt quelle nouvelle faute avez-vous commise contre le mandat que vous avez su prendre ? Répondez à votre ennemi le Bon-Sens, devenu enfin et votre accusateur et votre juge.

— J'ai concédé quelques fonds émergents.

— Sans doute, et il eût fallu les approprier

---

[1] Un des propriétaires de réservoirs a demandé l'autorisation de faire des écluses en pierre. — Il attend depuis deux mois. — Ce retard est dû sans doute aux lenteurs d'une étude approfondie de la salubrité du projet.

tous. Ne craigniez-vous pas la reproduction sur les fonds vagues de ces animaux nuisibles dont à certaines époques l'envahissement infeste les fonds concédés? Ne risquiez-vous pas surtout de vous tromper dans votre choix? Comment avez-vous pu distinguer les terrains productifs et les terrains improductifs? Oh! ce n'est que trop facile, et vous les avez trop bien distingués! Vous n'avez concédé que des terrains improductifs, et avez soigneusement réservé pour les sables tous les terrains productifs, sauf erreur! Dites que non! —

— Si, je l'ai fait, et j'ai cru bien faire! —

— Divisons! faut-il donc toujours couper chacun de vos mots en deux pour avoir un morceau de vérité?

Vous l'avez fait! Eh bien! vous avez mal fait! les parcs ne sont pas insalubres; et ici le tableau mérite d'être esquissé par le Bien-Être lui-même. —

— Par certaines matinées d'hiver, raconte le *Bien-Être* en essuyant ses larmes, sur un avis daté de je ne sais où, les inscrits [1], s'il fait

---

(1) Il n'y a que les inscrits qui aient le droit de *pêcher les huîtres* sur les fonds producteurs. — Il faut bien que l'Inscription maritime fasse quelque chose; elle n'a plus de poids, elle agite sa balance, et s'en sert comme d'une massue.

sombre, s'égarent dans les brouillards en faisant voile vers un seul lieu, fixé d'avance aussi avec la même intelligence que le jour. Arrivées au rendez-vous, les barques s'amarrent les unes aux autres, en attendant que le flot descende, et, quand la terre s'est découverte, hommes, femmes, vieillards, enfants, oui, les enfants eux-mêmes, se pressent à moitié nus, et dans les jambes les uns des autres, pour entourer la proie sur laquelle ils vont se jeter. Un coup de canon ! c'est le signal de l'assaut? non, mais du départ : tous s'élancent, se baissent. Touchant des quatre membres au sol, ils courent, se séparent, se rejoignent et cherchent avec les pieds et les mains tout ensemble dans le champ qui leur est livré et que côtoient les gardes ! Mais un autre coup de canon annonce qu'il est temps d'en finir. Chacun en maugréant rapporte son butin; les tas sont livrés à la vente ou au vol, et de misérables barques dont les plus heureuses sombrent en route vont jeter à tous les coins du bassin les misérables morceaux de la curée.

Est-ce ainsi qu'on traite des hommes ou qu'on gaspille des richesses?

C'est ainsi que 80,000 fr. ont été perdus cette année dans une seule pêche, parce que le

coup de canon a retenti une heure trop tôt;
l'année prochaine, les sables auront tout recou-
vert, à moins que, sous la paternelle sur-
veillance de l'Administration, les possesseurs
de *parcots* n'aient tout *parcotté* déjà ! [1]

80,000! dit en soupirant le *Bien-Être.* —

— Le chiffre n'y fait rien, dit le *Bon-Sens,*
tout fait est contestable ! Ce qui n'est pas contestable, c'est qu'il est triste d'avoir à choisir
entre l'imprévoyance et l'immoralité ! Ce qui
n'est pas contestable, c'est que l'Administration, dans une année de disette, pourra tirer
une heure trop tard le difficile coup de canon !
Et c'est là une compensation tout administra-
tive, dont les deux termes sont des abus, des
quantités négatives qui s'ajoutent ! Mais aussi
les canons ne sont-ils pas mieux placés sur un
champ de bataille qu'au milieu de parcs à huîtres ! Et est-ce par les mêmes procédés qu'on
fait vivre et qu'on tue !

O polders des Pays-Bas, conquis sur la
mer par l'incessant effort de cinquante gé-
nérations !

O lagune de Comacchio, transformée en un

(1) *Parcots,* petits parcs accordés aux pêcheurs. — *Parcotter,*
voler à droite et à gauche ; industrie de ceux qui ont des parcots.

immense filet sous la barque temporelle de saint Pierre !

O paresse des Chinois !

O gourmandise des Romains !

Qui donc, tournant contre les Français leur sobriété et leur travail, pervertit, en outre, leur intelligence, au point de leur montrer une amie de la Liberté dans l'ennemie du Bien-Être et du Bon-Sens !

Voilà ce qui fait que je t'en veux, dit-il à l'Inscription maritime. —

— Cependant, reprend le *Bien-Être*, les fonds improductifs sur lesquels les parqueurs obtiennent le droit de transporter les huîtres qu'ils achètent aux marins, ne reproduisant pas uniquement pour cette raison qu'ils ne conviennent pas aux huîtres, toutes celles qu'on y met mourraient bientôt de chaleur ou de froid si on ne les entourait de quelque précaution. Mais faire un fossé, faire une digue, planter un pieu, jeter une poignée de sable, tout cela demande encore des autorisations et ne s'obtenait naguère absolument pas. Toute demande est, pour l'Administration, une mise en demeure de légitime défense ; elle l'accorde quand elle est par terre, et ses faveurs sont encore plus funestes que ses refus. Jugez de l'effet que me produit cette liberté diluée : c'est comme un poison ! —

— Rien ne m'étonne de sa part, dit le *Bon-Sens;* — mais ceci me semble moins étonnant peut-être, car c'est plus fort encore! — Où en serait l'industrie continentale si une administration suzeraine eût jadis réservé pour la chasse toutes les prairies naturelles, toutes les bonnes terres, et n'eût livré que des landes, judicieusement choisies parmi les plus ingrates, à la charrue et aux bestiaux !

— Bestiaux !

— Voilà ce que vous avez fait !

— Est-ce tout ?

— Non, ce n'est rien.

Ces concessions, à titre essentiellement personnel et précaire, révocables sans indemnité et au gré de l'Administration, et tracassées, de terrains soi-disant improductifs,

A qui les avez-vous définitivement accordées ?

— Au *pêcheur,* de *préférence;*

— Au pêcheur, que votre métier est d'appauvrir depuis deux siècles.

Mais, ne le devez-vous pas débarrasser de sa charge ?

Comment ne lui retirez-vous pas son privilége ?

Oui, oui, pourquoi n'accordez-vous qu'à lui le droit de chasser sur vos domaines?

Ah! passons sur ces inconséquences au sein de l'injustice, ou sur ces injustices au sein de l'absurdité!

Le capitaliste, celui qui peut faire des travaux dans les bonnes années, et des réserves dans les mauvaises, n'est pas exclu; la préférence seulement est accordée aux autres.

Est-ce clair?

Et votre conduite est-elle suffisamment mise au jour?

— Je le crois.

— Avec une pareille protection, jamais la Liberté n'eût donné à cet enfant du beurre à mettre sur son pain; elle ne lui eût pas même donné de pain du tout!

Voilà ce que vous avez fait!

Voilà ce que vous avez fait, et vous avez cru bien faire!

Quoi! cette famine poursuivie avec tant d'acharnement ne [serait pas un résultat minime prudemment amené pour maintenir ton joug séculaire! Tutrice du Bien-Être, qui te fait

vivre, tu n'as pas cherché à lui inspirer l'hor-
reur de la Liberté, qui t'écarterait de la tutèle,
en faisant passer par les mains, que dis-je?
par la bouche même de ta rivale, une nourriture malsaine! Il n'y a pas dans ton fait tout
à la fois préméditation et guet-apens, double
empoisonnement avec abus de confiance! Eh
bien! soit; tu n'as commis aucun attentat, ta
perfidie n'est que de l'aveuglement. — Ton
âge? —

— Vieille! —

— C'est bon! Je prononce ta déchéance pour
cause de caducité! —

— Je n'ai pas deux cents ans! —

— Pour cause d'incapacité. La Liberté sera
désormais elle-même la tutrice du Bien-Être;
et quand il n'y aura plus entre eux ton inno-
cente main, le lait de la mère fortifiera son
fils! —

— Oui, mon fils, a dit la *Liberté*, en s'avan-
çant vers le Bien-Être. —

— Ma mère, a répondu le *Bien-Être*, je n'ai
jamais douté de toi! —

Et ils se sont embrassés.

*

— Foi de bureaucratie! il est malsain d'ê-
tre si coupable, a murmuré l'*Inscription maritime* entre ses dents; et sous l'œil du Bon-
Sens, à la vue d'un bonheur qu'elle ne pouvait
empêcher, elle a souri comme sourient les
criminelles! —

— Ma fille est vengée! a dit le *Bon-Sens;*
qu'elle enfante une flotte en allaitant le Bien-
Être! —

*

Au dire des gens du métier, pour lutter
contre l'Angleterre, l'État, aujourd'hui encore, aujourd'hui plus que jamais, ne pourrait que recourir à l'armement en course de
vaisseaux marchands, des vaisseaux de la
Nation.

Voilà la flotte!

C'est ainsi que les feuilles, que les rameaux
des arbres se transforment en piquants.

Ah! qu'elle serait donc et forte et florissante

notre France, si, ayant poussé sur mer comme
sur terre les racines de son industrie, elle avait
pu, librement aussi, élever et répandre sur le
monde entier, avec les branches de son commerce, les organes pressés de sa respiration,
qui deviendraient au besoin les armes de la
nature !

Oui, c'est à l'armement en course des vaisseaux marchands, des vaisseaux de la Nation,
que l'État, au dire de ses propres officiers,
serait aujourd'hui plus que jamais forcé de
recourir pour lutter contre l'Angleterre !

Voilà la flotte !

C'est ainsi que le respect des principes est
l'hygiène du corps social, et que toutes les
applications qui lui sont contraires, fussent-
elles les plus coûteuses, ne peuvent servir qu'à
la ruine de la plus belle flotte, cette chevelure
des États !

Que la France laisse donc pousser la sienne
en liberté ; et lorsque le moment sera venu de
la changer en crinière, et de changer ses ongles en griffes afin de se mesurer avec son ad-
versaire, elle n'en sera pas moins féroce pour
être restée humaine le plus longtemps possible !

Grâce à la nécessité de sa métamorphose, perdra-t-elle en facilité d'agression ce qu'elle gagnera en intensité de défense? Ce serait là une compensation encore acceptable après tant d'autres !

Mais non !

Cessant d'être menaçante pour devenir redoutable, si la supériorité de la beauté ne suffit pas à la protéger contre les passions étrangères ou sa propre ambition, elle aura, quand elle le voudra, la supériorité de la force. Le feu qui brille dans ses yeux est à la fois celui de l'amour et des combats.

Il ne peut s'agir que d'une raison d'État.... Évidemment [1].

Que dit l'*État ?*

L'*État* dit, par la bouche de son Ministère, que le Gouvernement doit limiter et restreint chaque jour la sphère de son action ;

Par la bouche de la Justice, que les pri-

---

[1] Ce qui donne la mort aux innocents, doit donner et conserver la vie à l'Inscription maritime.

viléges sont abolis, et que tous les citoyens doivent être *en fait,* comme ils le sont *en droit,* égaux devant la loi ;

Par la bouche des Cultes, que le Commissariat n'est plus cet entier sultan qui faisait avec plaisir de chaque quartier un harem, mais que l'Étoile des mers est la véritable protectrice des marins ;

Par la bouche de l'Agriculture, du Commerce et des Travaux publics, qu'un système de concours et de primes est la seule protection rationnellement admissible ;

Par celle des Finances, que les dépenses diminuent avec le nombre des rouages ;

Par celle de l'Intérieur, que la décentralisation gagnerait à la culture de la mer ;

Par celle des Affaires Étrangères, qu'il serait plus raisonnable de chercher à combattre autour d'un tapis vert, que de vouloir toujours parler avec des flots de sang ;

Par celle de l'Instruction publique, que des écoles d'application formeraient et des pêcheurs et des élèves de Pisciculture ;

Par celle de la Guerre, que les soldats sont des laboureurs, que l'Agriculture est la pépinière de l'Armée...., et que la Marine a tort ;

Par celle de la Marine, enfin, qu'il désavoue l'Inscription maritime, si elle n'est pas conforme au bien de la *Nation*.

Que dit donc la *Nation ?*

Elle dit, par la bouche de la *production,* que, si l'État ne se mêle pas de ses affaires, elle lui donnera une flotte qui lui rapportera au lieu de lui coûter, et que la consommation gagnera à la liberté de la production.

Elle dit, par la bouche de la *consommation,* cette bouche qui ne devrait jamais parler — car c'est la bouche du peuple — dont le silence est un éloge :

Que, si *on* paie moins cher tous les fruits de la mer, *on* pourra, au besoin, payer à l'État un supplément de flotte en vaisseaux cuirassés ;

Que le profit du nouveau domaine conquis sur la nature se partagera, grâce à la concurrence, entre l'État et la Nation, et que l'État, se faisant la part du lion aussi grande que possible, pourra perpétuer la guerre à l'extérieur sans augmenter, par un accroissement correspondant d'impôts, les chances de trouble à l'intérieur.

Enfin, l'État et la Nation, — la Nation et l'État, en dépit des efforts de l'Inscription maritime, se sont unifiés, et la *France* lui montre le livre où est inscrit son compte :

— Je ne vois à ton crédit, lui dit-elle, que des larmes et du sang ! C'est parfait !

Mais pourquoi ton débit est-il si démesurément lourd ?

Ah ! tu me fais payer l'injustice elle-même trop cher !

Ton solde, qui, chaque année, grève l'avenir d'inutiles alarmes, est l'article même de ton éternelle réprobation ! [1] —

Mais si la Nation est d'un côté, c'est qu'elle croit que la Paix s'y trouve !

A qui est-ce de décider les choses, sinon en faveur de la Paix, au moins en faveur de la Nation ?

A qui est-ce de dire :

— « Le contrôle incessant de l'Administration sur une foule de choses a pu avoir sa raison d'être, mais il n'est plus aujourd'hui

---

[1] La Commission du Budget a inséré dans son rapport un paragraphe relatif à l'aliénation des rivages.

qu'une entrave. La balance de la marine ira rejoindre la balance du commerce [1]. »

Le droit divin a fondé l'Inscription maritime ; le suffrage universel l'a supprimée ! —

Comme le Conseil d'État travaillerait avec ardeur !

Comme le Corps Législatif voterait avec reconnaissance !

Comme le Sénat applaudirait avec unanimité, au nom de la France et de l'Europe !

Et comme les cris de : Vive l'Empereur ! s'allieraient bien à ceux de : Vive la Liberté !

Jusqu'à quand donc vivra l'Inscription maritime pour avoir déjà trop vécu ?

Jusqu'à quand donc sa force d'inertie l'emportera-t-elle sur le mouvement du siècle ?

Jusqu'à quand donc l'éloquence ministérielle de son mutisme administratif prévaudra-t-elle contre l'éloquence peu parlementaire de ses exploits bureaucratiques ?

L'instrument de l'injustice s'est retourné contre elle.

[1] Lettre de l'Empereur au Ministre Président du Conseil d'État du 5 janvier 1860.

Elle analyse ses poisons par ses pores.

Elle se noie dans ses propres crimes.

Ses menaces ne sont pas des mouvements de remords; sont-ce les mouvements de son agonie?

Infection des flots, — objet de la répulsion terrestre, — doublement mutilée par un double décret, implore-t-elle la charité d'un dernier coup de pied?

Le Bon-Sens, le Bien-Être, la Liberté viennent de le lui donner en s'envolant ensemble!

Est-elle morte, frappée de la foudre, dans le déluge de ses infamies?

Qu'une bonne loi publie enfin son acte de décès; et puissent ses membres épars s'unir sans se rejoindre, à l'Alleluia général!

❋

Quel arc à trois couleurs se dessine dans le ciel?

❋

Bah!

Elle est de ces Êtres qui ne meurent point.

Et son départ est pour Celui qui, de fait, personnifie la France, une nouvelle crise à traverser.

D'un côté, sont les jouissances du repos.

De l'autre, les sueurs du travail : parce que, comme au premier jour, d'un côté est le mal et de l'autre le bien.

C'est à l'Empereur de choisir entre la vie et la mort !

*

Écoutera-t-il les conseils de l'Inscription maritime ?

Il étudiera longtemps encore cette question de substitution.

— Goûte le fruit de tes lauriers, lui dit-elle ; repose-toi à leur ombre.

Qu'espères-tu, en prenant tant de peine ?

Prétends-tu voir d'un jour à l'autre l'industrie renaître, le personnel maritime s'augmenter, le commerce refleurir, et une flotte nouvelle sortir du sein des eaux ? Et le pauvre pêcheur ! et l'Intérêt Général ! —

Que l'Empereur lui réponde :

— Si le pêcheur est pauvre, c'est à toi qu'est

due sa pauvreté ; et s'il parle contre son intérêt, c'est que tu parles par sa bouche.

En lui retirant sa charge, je lui retire son
privilége, qui est pour lui une autre charge;
telles sont les compensations de la Justice. L'a-
liénation des rivages de l'État au profit de la
Nation, espèce de remboursement d'une rente
au pair, est le seul moyen d'assurer au pêcheur
un travail productif, au citoyen l'abondance
du poisson. L'air lui-même devra être approprié quand il sera susceptible d'industrie. Le
droit de propriété, le seul droit social et naturel, est l'effet et la cause de l'empire de
l'homme sur la nature. Quelques batteries flot-
tantes avec beaucoup de marins, voilà les for-
tifications de *nos* côtes, avec les éléments de
notre flotte. Le développement de la marine
de l'État dépend du développement du commerce national. Et *notre* puissance est une des
formes de *notre* prospérité. Devenue inutile en
principe, tu restes, dans l'application, aussi
nuisible à l'industrie que peu favorable au
commerce. L'Intérêt Général demande que je
te chasse.

Oui, l'Intérêt Général demande que je te
chasse.

Quand elle sera délivrée de son infernale

possession, la mer recevra dans son sein l'âme
de la Liberté, qui fait toujours le possible
pour rendre les cadavres à la vie, ni plus, ni
moins. —

Si alors elle se jette à genoux en criant :

— Grâce, ô bon génie! je me tranfor-
merai. —

Que l'Empereur lui réponde :

—Non! non! L'âme de la Féodalité a pu
s'appeler l'âme de l'Esclavage ou de la Protection, ce ne peut être l'âme de la Liberté. L'œuvre que je médite sera la plus grande de mon
règne. —

Et le jour où, du haut de tes sommets boisés,
Sa Majesté, te remerciant de ton gracieux ac-
cueil, contemplera ton magnifique bassin, ô
Arcachon! dis-lui, en toute simplicité :

— Sire, voyez cette vase! si la terre man-
que d'engrais et le peuple de pain ;

Sire, voyez ces poissons et ces coquillages!
si nos marchés agrandis se vident chaque jour
de nouveaux aliments; si la table du pauvre
devient si différente de celle du riche;

Sire, voyez ces voiles! si notre marine ne
peut échanger nos produits par le monde, et
porter au delà des mers l'amour et le respect
de notre nom;

Sire, voyez cette passe! si la France, inca-
pable de se défendre, semble perpétuellement
attaquer et l'homme et la nature elle-même;

C'est à ce monstre qu'elle le doit!

Qui cherche à le frapper ne fouette que les
vagues;

C'est l'expulser qu'il faut;

C'est lui qui immobilise la mer! —

A cette vue, l'Empereur, indigné, prononー
cera peut-être ces mots sacramentels :

— L'Empire, c'est la Paix! —

Non! mais :

— L'Empereur, c'est la Nation! —

S'il hésite, dis-lui :

— Sire, voulez-vous que nous appelions ce
pêcheur?

Hé là-bas! la barque! —

— Monsieur, dit le pêcheur, sans être trop
impressionné, quel service puis-je vous rendre? —

— Couvre-toi, mon brave. Dis-moi, mon
ami, si tu es content de ton sort. —

— Ah! Monsieur, mon pauvre fils! voilà déjà je ne sais combien de temps qu'il est au service! —

— Comment! et le décret du 22 octobre! —

— Il y a un décret pour mon fils? —

— Non-seulement pour ton fils, mais pour tous les marins! —

— En ce cas, on ferait bien de l'afficher. —

— Est-ce qu'il ne l'a pas été? —

— Il l'a peut-être été, mais à l'envers; on en voit de plus fortes! Si vous saviez!... —

— Eh quoi donc, mon brave homme? Je croyais entendre une autre gamme. Vous avez des associés, des capitalistes qui ne demandent pas mieux que de vous payer. Vous êtes soulagés d'un côté, et, de l'autre, on vous paie par les mains des industriels. —

— Ah! oui, mais je crois bien que tous ces bons messieurs devront battre en retraite..... enfin, suffit, je m'entends. Pour mon bailleur de fonds, en particulier, il ne veut plus qu'une chose, c'est se défaire de son parc, dont il ne peut obtenir la concession. —

— Comment! et le décret du 26 février? —

— Il y a un décret pour mon bailleur de fonds? —

— Non-seulément pour ton bailleur de fonds, mais pour tous les bailleurs de fonds. —

— En ce cas, on aurait bien fait de l'afficher à côté de l'autre, et de manière à ce qu'on pût les lire tous deux. Sans doute qu'on ne veut pas les appliquer. Pour ma part, je n'y comprends quasi rien, sinon que nous sommes bien malheureux, et que c'est comme ça qu'on finira par n'avoir plus un seul homme de mer. Ah ! si on voulait m'en croire, savez-vous ce qu'on ferait ? —

— Donne-moi une leçon, toi aussi ; tous les avis sont bons à prendre, et quelquefois bons à suivre. —

— Je dirais comme ça, en partie :

Tous les pêcheurs sont des citoyens comme les autres.

Tous les citoyens qui en ont le goût seront pêcheurs.

Alors ce ne serait plus une punition que de dire à son fils : Je vais te faire mousse.

Et l'Océan attirerait une foule d'enfants adoptifs, — qui font de bons lurons quelquefois.

Vous comprenez, il y aurait un flux et reflux, une espèce de mouvement et de vie. Au lieu de ça, vous nous séparez de tout le monde ;

puis vous nous abrutissez avec la main droite le plus fort que vous pouvez, et puis vous nous caressez avec la gauche, et vos caresses de la main gauche nous font plus de mal que vos coups de la main droite. Car, enfin, tous les hommes sont frères, et ils doivent s'aider mutuellement. Moi j'apporte mes bras, un autre apporte l'argent, et voilà le marché conclu. Si, au lieu de cela, il faut des registres, et des six mois d'autorisation, on meurt de faim pendant ce temps-là. Sans compter toujours, parce que tout ça se touche, voyez-vous, sans compter que bon nombre de ces messieurs, s'ils habitaient ici, feraient leurs fils marins, et iraient chercher partout des hommes pour en faire des pêcheurs, ce qui est comme qui dirait un pied dans l'eau; pour peu que le commerce vienne à souffler, les voilà partis, et la flotte n'en irait pas plus mal. Car c'est pour la flotte, je vois bien ça! Mais je me mêle de ce qui ne me regarde pas, et je serai toujours à la disposition de la France! Faut-il aller rejoindre mon fils? Adieu, ma femme, je prends ma pipe, et je pars. —

— Mais, mon brave, si tu veux, ni toi, ni tes fils ne partirez plus ! —

— Comment ! si je veux ! —

— Tu n'as qu'à payer, et, en travaillant, tu gagneras toujours assez ! —

— Qu'est-ce qui a inventé cette bonne blague-là ? —

— Ce n'est pas une blague, c'est une vérité, c'est une libéralité que tu dois à l'Empereur. —

— Bon ça ! —

— Il a fait bien plus : ni toi, ni tes enfants, ne servirez plus que Paris ! —

— Allons donc, Monsieur, vous vous gaussez de moi ! —

— Je ne me gausse pas de toi. —

— Mais savez-vous que c'est fameux, ça ! et que ma femme et mes enfants en vont pleurer de joie. —

— Dis-leur aussi que, l'argent étant devenu très-commun, il est juste que tu en gagnes plus, et que, quand tu seras revenu du service, où tu seras mieux payé, tu trouveras toujours du travail à quelques pas de ta cabane, — et du travail bien payé ! —

— Oui-dà ! —

— Ceux qui ont de l'argent, vos associés, enfin, doivent être autorisés à cultiver la mer comme bon leur semble, et je m'en vais m'arranger de manière à ce qu'ils ne soient plus si tourmentés à l'avenir ! —

— Ah ! Sire (car vous êtes l'Empereur, n'est-
ce pas? je vous ai bien reconnu), vous nous
rendez là un fameux service. Non, je ne suis
pas borgne, et mon intérêt c'est de m'arranger
avec ce gros monsieur-ci, un homme qui a des
millions et des navires, qu'il est riche, riche...
Mais, pour soi-disant défendre nos intérêts, on
éloigne et on embête les bons gros ventres, et
c'est nous ôter notre soupe. Vous dites qu'on
nous a enlevé notre charge; il n'est pas juste
qu'on nous laisse notre privilége. Notre privilége, j'aimerais mieux être toujours sur un
navire de l'État, n'avoir ni femme ni enfants;
au moins j'aurais du pain; ça ne ferait pas
pousser des marins, mais j'aurais du pain.

On nous a enlevé notre charge, il faut nous
retirer notre privilége, c'est justice! — Ah! si
je savais faire un livre! Le livre de M. Bénard
est bon; il faut lire ça.....; vous verrez comme
quoi, quand on favorise le peuple, c'est toujours des coups de griffe avec patte de velours.
Un tout petit grain de justice ferait mieux
notre affaire que cent mille millions de règlements. Nous dire seulement : Parquez, faites
des réservoirs, pêchez, embarquez-vous, re-
venez, repartez, allez où vous voudrez! Seulement, un instant! Le jour où on aura besoin

de vous!... ah! comme on nous trouverait
alors, et forts, et bien portants, et la pipe bien
bourrée, et tenant à la vie, que pour ma part
j'estime autant que rien, en ce qui me concerne. Sentir qu'on est un homme, et pas un
esclave, ça vous donne des démangeaisons
d'orgueil, et ça vous fixe fièrement le chapeau
sur la tête, et la tête sur les épaules. Mais,
maintenant, qu'est-ce que nous sommes? des
enfants, des imbéciles, des niais qui payons des
gens pour nous faire battre, et les remercions
d'être battus. On nous a enlevé notre charge,
faut nous enlever notre privilége. A qui bien
est-ce qu'on pourrait faire comprendre ceci, à
savoir, que mettre quelqu'un qui n'a pas le
sou au milieu d'un désert et lui dire : Tout ça
est à toi, cultive, fais des routes, sois heureux
(et je ne te prendrai plus que six ans pour me
servir); ce n'est pas encore une situation fort
agréable. La seule chose serait de vendre le
fonds ; c'est défendu par cent mille millions de
règlements. Alors il n'y a qu'à mourir. Au
premier naufrage, je me laisse couler. —

— Mais, enfin, on n'empêche pas absolument ces gros ventres de s'engraisser un peu? —

— Mais on leur fait mille avanies, tandis
qu'il faudrait leur parler chapeau bas, et avec

un respect extrême; ce sont des gens si bons au fond, et qui trouvent leur intérêt dans le nôtre; justes, enfin, voilà ce qu'il nous faut. Mais c'est pitié de les voir... Oh! on ne les voit plus; ici il n'y a plus que nous — et l'Inscription maritime.

Tenez, on dit : Qui veut la fin, veut les moyens. Tout ce qui est inutile est mauvais. M'est avis que notre commissaire est de trop entre nous. C'était bon jadis; maintenant, il faut en faire un rentier. Il n'est plus bon, aujourd'hui, qu'à nous fournir du papier; mais aussi il ne nous en prive pas! Voyez cette feuille! elle vaut bien deux sous. Tout ça pour me mettre un numéro! et il faut toujours l'avoir dans sa poche. A quoi que ça peut servir? Ah! si j'étais Empereur, moi, je prendrais plaisir à me faire porter par le courant, et à dire : Rentrez les rames; le vent, le flot fait tout. — Si vous n'avez plus besoin de moi, Sire, la marée n'attend pas; je me sauve! —

— Tiens, mon ami, voilà une pièce. —

— Pas besoin, Sire; dépêchez notre... vous entendez (il faut parler bas, il a l'oreille fine); un bon coup de filet, et tout est dit. — Sire, j'ai bien l'honneur... —

*

S'il hésite encore, ô Arcachon! reprends en t'inclinant respectueusement :

Sire,

Vous hésitez?

L'avenir vous paraît-il si sombre?

Pour le rasséréner, vous n'avez qu'à sourire !

Que ne transformez-vous l'Université en une chaire d'Économie sociale !

Que ne prononcez-vous l'alliance de l'Armée et de la Marine avec l'Instruction publique !

Que ne faites-vous de nos casernes et de nos vaisseaux des Écoles Nationales de bonne pratique et de bonne théorie, pour faire de nos écoliers des hommes également propres à la paix et à la guerre?

Mais, pour soulever le monde, ne laissez pas fléchir les principes.

Ne laissez pas fléchir les principes, et le monde se soulèvera de lui-même.

Qu'on ne nous parle plus des excès qu'une réglementation déréglée doit commettre pour chercher à s'innocenter.

Abyssus, abyssum invocat.

Écoutez ce que vous crie, du fond de sa

tombe, un homme inconnu, qui a siégé sur
les mêmes bancs que vous, et dont la passion
fut de cultiver et de vulgariser la science *que
tout bon citoyen doit répandre* autour de lui :

« Le régime exclusif travaille plus efficace-
ment encore que l'Inscription maritime à la
décadence de notre marine marchande. Il n'y
a pas une planche, un clou, un bout de corde,
un lambeau de toile, une tache de goudron,
que le marin n'ait surpayés en vertu du régime
protecteur. Le biscuit qui le nourrit, le paletot
qui le couvre, le soulier qui le chausse, ont
payé la taxe au monopole; en sorte que ce que
la protection lui a injustement conféré en gros,
elle le reprend injustement et amplement en
détail. Voilà pourquoi notre marine est aux
abois. Quand un bâtiment prend charge au
Havre ou à Bordeaux, il faut que l'armateur
puisse dire : Partout où ira mon navire, le
capitaine s'adressera aux courtiers, et prendra
la première cargaison venue, n'importe sa des-
tination. — Revenons enfin, ajoute-t-il, revenons à l'état de choses qui se serait établi naturellement si d'absurdes systèmes, inventés par
ces théoriciens qui n'aiment pas la théorie » —
parce que, sans doute, ils sentent qu'elle le leur
rend bien — « si d'absurdes systèmes ne nous

eussent jetés dans ce désordre. Faisons du sucre sous forme de vin, de soie et de toile ; ou plutôt laissons ceux qui veulent du sucre en créer la valeur sous la forme qui leur convient. Alors nous aurons du commerce avec un hémisphère tout entier ; alors notre marine marchande se relèvera et notre marine militaire aussi, si besoin est. Le travail libre, essentiellement progressif, surmontera le travail esclave, essentiellement stationnaire. L'esclavage mourra de sa belle mort, sans qu'il soit nécessaire que les peuples fassent des uns aux autres une police pleine de dangers. Le travail et les capitaux prendront partout la direction la plus avantageuse. Sans doute, pendant la transition, il y aura quelques intérêts froissés. Nous leur viendrons en aide le plus possible. Mais quand on a fait depuis longtemps fausse route, il est puéril de refuser d'entrer dans la bonne voie, soit parce qu'il faut se donner quelques peines, » soit parce qu'elle est interminable. Elle n'est la bonne voie qu'à ce prix. Tous les expédients sont des précipices [1]. »

Voilà, Sire, voilà ce que du fond de la

(*) Bastiat : *Le sucre antédiluvien, une question aux Conseils généraux, l'Inscription maritime.* (Textuel.)

tombe vous crie la voix de votre ancien collègue. Si vous l'avez entendue, soyez-y obéissant !

Ah ! Sire, on n'oscille pas d'un principe à un autre ; on ne va pas à la fois à l'orient et à l'occident ; on ne marche pas sans but.

Quel est le vôtre ?

Que ce soit cette pierre consacrée qui porte sur ses différentes faces :

LIBERTÉ !

C'est-à-dire légitimité de toute concurrence ;

ÉGALITÉ !

C'est-à-dire consécration par la loi de toute propriété individuelle, pour assurer la concurrence ;

FRATERNITÉ !

C'est-à-dire réduction de la fonction gouvernementale à une police paternelle qui assure le respect de toute propriété.

LIBERTÉ, ÉGALITÉ, FRATERNITÉ !

C'est-à-dire : Gratuité de tout don naturel,
Élévation constante de l'humanité dans un nivellement supérieur,

Moralisation !

Oui, que cet autel où fume encore le sang
de nos pères, et celui du meilleur de nos Rois,
vous serve de phare !

Et si le suffrage universel, cet enfant de génie, aussi peu éclairé naguère par son éducation
qu'il est aujourd'hui ébloui par ses triomphes,
vous pousse et vous soutient, prenez vous-
même la Révolution pour votre trône ; mais
tant que l'harmonie sera la loi de la nature,
que la tombe immortelle de Bastiat soit la base
du temple de votre gloire !

Vous aurez écrit sur son frontispice :

Primo vivere.

Votre fils complétera la sentence,

Et le LIBRE-ÉCHANGE, ce principe abs-
trait des principes de 89, cette incarnation du
Bon-Sens qui respire la Liberté et souffle le
Bien-Être ; cette forme flamboyante de la JUS-
TICE, enfin, sera, sur terre et sur mer, l'Ar-
mée de votre dynastie !

C'est lui qui, changeant les épines non en

feuilles mais en fruits, achèvera de transfor-
mer, non les hommes en bêtes, mais les bêtes
en hommes !

C'est lui qui, prêtant ses ailes aux produits
et aux idées, réunira un jour toutes les Ma-
jestés de la terre au Congrès de la Paix, et
apportera, en attendant, au paysan étonné,
la soupe au poisson, cette poule au pot du
XIXᵉ siècle !

C'est lui, enfin, et lui seul qui, arrachant
un second proscrit à nos luttes politiques, a
placé sur sa tête le panache de la popularité,
et qui, en inspirant à votre cœur le désir de
sauver non plus Paris assiégé, mais la France
elle-même de la famine, interdira au nôtre
jusqu'à la pensée de vous enlever le sceptre
de Henri IV !

Ah ! Sire, appelez, appelez franchement à
votre aide cet Ange de la civilisation, et
l'hydre dont vous ne voyez ici qu'une tête,
mais qui en a bien d'autres, et à laquelle
toutes servent de prétexte pour chacune, cette
âme de la féodalité, réfugiée dans les derniers
lambeaux de notre vieille société, ne se dres-
sera pas un jour à vos pieds, sous un autre
nom, comme un nouvel épouvantail !

Juste ciel ! le poignard de Ravaillac retombe sur la tête de Mazzini ! —

Et alors, s'il continue à te regarder hésitant, jette-lui de ta bouche de fer, la dernière bombe qui soit l'espérance de la vérité ; dis-lui :

Sire,

Les flots couvrent et cachent les ruines de l'avenir.

Mais retournez-vous, et touchez de vos yeux, sur le sol qu'elles jonchent, les ruines du passé.

Là-bas, le front chauve des Pyrénées, d'où la neige se précipite en terribles avalanches;

Devant vous, cette étendue échevelée de forêts.

Partout le droit d'usage, c'est-à-dire le droit d'abus, cette Inscription terrestre tenant sous ses griffes vos navires brisés avant d'être construits.

Votre flotte est là pourrissant !

Encore tout meurtri de ses innombrables chutes dans des landes protégées, le progrès cherche à passer sous les fourches caudines de ces arbres entassés par la hache et le vent comme des trophées à la barbarie.

Son pied heurte à chaque pas un cadavre et un préjugé.

Ici, ce sont des mâts de pins, coupés en herbe par des vaches, possédées du *libre parcours*.

Là, des quilles de chênes, marquées au pied pour faire des bûches par la *libre entrée*.

O liberté! peut-on abuser même de ton nom?

O licence! est-ce toi qu'on désigne du nom de liberté?

C'est en vain que le sol indigné réclame le *cantonnement* de tous ces droits qui se font la guerre dans le chaos des lois, et demande, lui aussi, à *être racheté* par le sang de la Révolution.

C'est en vain que la vieille forêt, poussant jusqu'au ciel ses arbres réservés, semble prendre le monde entier à témoin de ses éloquentes protestations en faveur de *la propriété*.

C'est en vain que les dunes les plus récentes, semées par la main de l'État, offrent dans une génération de sujets plus pressés encore que vigoureux, une idée, sinon un modèle de la puissance du *droit commun*, et qu'appliquant moi-même un remède aussi simple à un mal aussi grave, je contraste avec cette désolation autant que la vie avec la mort.

Le Seigneur a disparu; la servitude est restée !

La tête a été coupée; mais le tronc décapité s'agite toujours.

Ou plutôt, sur terre comme sur mer, le corps a été mis en morceaux, mais l'âme a survécu.

Et ces lacs enchanteurs, que les flots, en se retirant, ont déjà laissés derrière eux, semblent être les rives du Styx, où erre cette âme infortunée !

Ah ! fi de la mythologie, quand il suffit du catéchisme.

Ce n'est pas d'un revenant qu'il s'agit !

FÉODALITÉ ou COMMUNISME,

SPOLIATION par en haut ou SPOLIATION par en bas,

C'est LUI, toujours LUI !

La Raison dit à la France :

Sème la liberté sur mer, et de chaque flot tu feras jaillir un marin [1].

Sème la liberté sur terre, et tu cloueras les dunes avec des mâts [2].

Et la France s'est mise à l'œuvre !

Mais elle se sent travaillée, divisée contre elle-même, saisie à la fois par les pieds et par la tête; et, si vous ne pouvez voir le froid glacial dont elle est pénétrée, ah! voyez du moins les flammes qui l'entourent.

Aux quatre coins de l'horizon,
L'Orgueil et la Paresse,
L'Avarice et l'Envie,
Brandissent leurs torches allumées !
A l'incendie ! [3]
La forêt brûle !

(1) Coste, *De l'aliénation des rivages;* — Mouls, *Domanialité maritime;* — Xavier Raymond, *Les marines de France et d'Angleterre.*

(2) Brémontier; — Drallet, *Traité du hêtre;* — Vilmorin, *Exposé historique et descriptif de l'École forestières des Barres.*

(3) Incendie du 20 avril dernier.

Reconnaissez votre flatteur dans l'antre, qui jusqu'aux nues s'illumine de sa colère.

N'en a-t-il pas jadis voulu à Dieu lui-même ?

Et, aujourd'hui, à qui n'en veut-il pas ?

C'est au pêcheur, c'est au résinier !
C'est à l'usager, c'est au propriétaire !
C'est au manœuvre, c'est au capitaliste !
C'est aux hommes libres, c'est aux esclaves !
C'est aux personnes, c'est aux choses !
C'est au commerce, c'est à l'industrie !
C'est à la production, c'est à la consommation !
C'est à la paix, c'est à la guerre !
C'est à la nation, c'est à l'État !
C'est à la matière imposable, c'est au fisc !
C'est à l'intérieur, c'est à l'extérieur !
C'est à l'espace, c'est au temps !
C'est au passé, c'est à l'avenir !
C'est au monde physique, c'est au monde moral !
C'est aux droits, c'est aux devoirs !
C'est à la propriété, c'est à la famille !
C'est à la richesse, c'est à la vertu !
C'est aux applications, c'est aux principes !

C'est au bien-être partout !

C'est au bon sens toujours !

C'est à la liberté même, c'est à la vie de la France !

Prenez garde, Sire !

La France, c'est vous !

Et c'est la flotte qui est votre bûcher !

Un coup de pied !

Un signe de main !

Moins que cela !

Ce simple cri de l'humanité :
Ratione voluntas ! Moins que cela !

Moins que cela ! moins que cela encore !

Un pli du front !

Et ce mélange impur d'éléments homogènes, ce principe unique de tous les principes rebelles, ce Lucifer passé, ce Satan futur, séparé de la lumière à la vue du LIBRE-ÉCHANGE, cette JUSTICE des Rois, ira se consumer seul d'admiration pour sa beauté dans les ténèbres de l'ignorance !

Domine, salvum !

. . . .

Sire, je vous remercie, au nom de la Religion elle-même, de ce triomphe de la Raison.

Voici le soleil qui se couche dans l'Océan.

C'est aujourd'hui encore, aux yeux de quelques-uns, l'emblème d'un grand roi.

Ce ne sera demain, aux yeux de tous, que l'une des formes altérables de l'inaltérable Unité! qu'un éclat temporaire autant qu'il est imparfait de cet Éternel Foyer de Puissance Infinie, dont les couronnes humaines, dans leur complexité, sont à la fois le plus instable des produits et le plus changeant des reflets!

*

Et cependant, ô Arcachon, le bassin t'a bénie, la forêt t'a bénie!

Les vagues transportées, les arbres en agitant leur tête, t'ont saluée comme la reine des eaux et des forêts!

La mer et la terre, exorcisées ensemble, ensemble ont tressailli, et l'univers se répète de monde en monde, et se répétera de siècle en siècle, que c'est à toi, oui, à toi, qu'est dû un de ses meilleurs soupirs!

Entre les eaux et les forêts,

Aux pieds d'une Vierge souriante,

Un serpent !

Sourira-t-il, sifflera-t-il, piquera-t-il, ou restera-t-il coi?

Ce qui est sûr, c'est qu'il y est.

FIN.

www.ingramcontent.com/pod-product-compliance
Lightning Source LLC
Chambersburg PA
CBHW071255200326
41521CB00009B/1779